NOTICE

SUR

L'ABBÉ BADRÉ

★

AU PROFIT DES PAUVRES

BORDEAUX

IMPRIMERIE ALCIDE SAMIE

16, Rue du Parlement-Saint-Pierre, 16

——

1876

NOTICE

SUR

L'ABBÉ BADRÉ

AU PROFIT DES PAUVRES

BORDEAUX

IMPRIMERIE ALCIDE SAMIE

16, Rue du Parlement-Saint-Pierre, 16

1876

LETTRE

QUE SON ÉMINENCE A FAIT ÉCRIRE A L'HONORABLE M. BRION
NEVEU DU DÉFUNT

MONSIEUR,

Son Éminence me charge de vous offrir toutes ses sympathies à l'occasion de la mort de votre excellent oncle.

Elle appréciait et aimait beaucoup M. Badré, dont la vie fut toujours édifiante, et qui, pendant les longues années qu'il a passées à Bordeaux, a rempli, sans aucune lassitude, le ministère le *plus laborieux et le plus méritoire*.

Dieu seul peut savoir combien d'âmes ce saint prêtre a conduites au ciel. Dans les cas désespérés, c'est à lui qu'on a eu souvent recours, et sa charité a remporté sur la mort et le péché de nombreuses victoires.

Maintenant, il va se reposer dans le sein de Celui pour lequel il a *tant travaillé,* et bien sûr que les labeurs de sa vie sacerdotale seront magnifiquement récompensés.

Je vous remercie, Monsieur, de m'avoir envoyé une copie du testament de votre oncle ; je l'ai lue avec attendrissement, surtout le passage où il est question de *pauvreté*. Sans nul doute le testateur vous a laissé, en cet endroit, la meilleure des consolations, qui est la certitude de son bonheur éternel, d'après les paroles du divin Maître : *Beati Pauperes*. . . . .

Je suis, Monsieur, votre très-humble et très-dévoué serviteur.

GERVAIS,
Vicaire Général.

LETTRE

DE MONSEIGNEUR FONTENEAU, ÉVÊQUE D'AGEN

———

Agen, le 8 janvier 1876.

Monsieur,

Je m'empresse de vous dire toute la part que je prends à vos regrets et à vos prières, au sujet de la mort du cher et vénérable abbé Badré.

C'est une grande perte pour la paroisse Saint-Éloi, où son héroïque charité opérait tant de bien. J'ai pu, quand j'étais à côté de Son Éminence, apprécier les éminents services rendus par *cet homme de Dieu*, et je n'oublierai jamais le souvenir de l'édification que j'ai toujours puisée dans mes rapports avec lui.

J'ai été particulièrement touché de l'extrait de son testament, qui a été publié dans la *Guienne* du 1ᵉʳ janvier ; c'est un trait vraiment sublime de cette humilité et de ce détachement qui formaient le caractère distinctif de sa sainteté.

Veuillez agréer, Monsieur, l'hommage de mes sentiments affectueux et dévoués.

† S. E.,
Évêque d'Agen.

———

LETTRE

D'UN CONFRÈRE ET AMI DE L'ABBÉ BADRÉ

MON CHER MONSIEUR,

En apprenant la mort de M. Badré, j'ai éprouvé ces regrets et cette douleur qui font verser des larmes. La perte que vous venez de faire, ce n'est pas vous seul qui la faite : ses amis perdent aussi le meilleur des amis.

Pour ma part, c'est un véritable deuil, et toute ma consolation est de penser que ce cher ami est plus heureux dans l'autre monde que dans celui-ci. Ses infirmités avaient amoindri son existence, et depuis longtemps le zèle suppléait aux forces qui avaient diminué d'une manière effrayante.

Je suis heureux que Son Éminence vous ait écrit une lettre et ait rendu témoignage à la vertu et au zèle du saint prêtre. Ce témoignage était bien mérité.

Tous ceux qui connaissaient votre oncle lui rendront cette justice, qu'il était dévoué tout entier aux fonctions de son ministère, et que c'était un homme au cœur droit et fidèle. Il est mort *pauvre* comme il avait vécu ; car il ne connaissait pas la valeur de l'argent, et son détachement était absolu.

Pauvre des biens de la terre, mais riche des biens du ciel, voilà comment est mort votre oncle, et cette mort convient parfaitement à un prêtre. Nous devons tous désirer la même grâce.

Quand je l'ai embrassé pour la dernière fois, nous avons tous les deux versé des larmes, parce que nous sentions bien que le revoir ne serait qu'au ciel. . . . . .

Daignez agréer, Monsieur, l'expression sincère de mes meilleurs sentiments.

L'abbé X...

PRÉFACE

L'auteur de ces lignes prévient le lecteur qu'il n'a pas voulu faire une biographie du vénérable abbé Badré. Son intention a été simplement de tracer quelques lignes pour faire connaître *aux pauvres*, d'une façon laconique, quelques-unes des vertus de leur meilleur ami. Son style est celui d'un *écolier* ; aussi ne peut-il convenir que pour ceux auxquels il dédie ces quelques pages. Son vœu le plus cher est qu'un ami du défunt, prêtre ou laïque, veuille bien se servir de ces notes pour composer une véritable biographie, et même une vie complète (la matière ne manquera pas) de ce vétéran du sacerdoce. Qu'on n'aille donc pas chercher dans cette courte notice autre chose que certains faits d'une belle existence racontée *à des pauvres* par un ami illettré de l'abbé BADRÉ.

Chacun dans sa sphère, et selon ses moyens, doit élever la voix pour faire connaître et aimer la vertu. En écrivant ces lignes, nous remplissons ce devoir selon nos capacités ; et nous payons un faible tribut de reconnaissance et d'amour envers celui que nous regretterons toujours, parce qu'il fut prètre selon le cœur de Dieu !

NOTICE

L'ABBÉ BADRÉ

I

CHARLES BADRÉ naquit à Lorient, le 16 octobre
1802. Son père était employé à la Douane ; sa
mère, femme forte selon l'Évangile, appartenant
à une noble famille, était admirable par sa foi, sa
piété et son culte pour les saintes traditions. Tous
ceux qui ont eu le bonheur de la connaître ont
été charmés de contempler ces mâles vertus d'une
femme qui a été fréquemment visitée par le
malheur. Charles avait quatorze ans à peine
quand son père fut nommé visiteur des Douanes à
Bourg (Gironde). Ce fut le 1er novembre 1816

que cette honorable famille, composée de huit personnes et d'une vieille servante, vint se fixer dans le diocèse de Bordeaux, pour ne plus le quitter.

Le jeune Charles entra au collége des Jésuites le 2 mars 1817. Ses chers condisciples, dont un grand nombre l'avaient précédé dans la céleste Patrie, étaient toujours présents à sa mémoire ; il en parlait encore avec bonheur dans les derniers jours de sa maladie. Ceux qui lui survivent sont là pour dire combien leur camarade, Charles Badré, était aimable, bon et généreux. Dans sa jeunesse comme dans l'âge mûr et dans sa vieillesse, il sut s'attirer l'affection de tous. Son amour pour ses maîtres ne s'est jamais affaibli ; il ne parlait d'eux qu'avec attendrissement et respect. En lui, la reconnaissance et l'amour grandissaient avec le temps ! Il vivait autant du passé que du présent, et était de ceux qui ne peuvent pas oublier. Sa grande peine, il faut bien que nous le disions, était de savoir deux ou trois de ses anciens condisciples éloignés de la pratique de notre sainte religion. S'il n'a pas eu ici-bas la consolation de les voir reprendre le sentier qu'ils ont longtemps parcouru ensemble, nous avons la certitude qu'il obtiendra pour eux cette grâce.

Il est rare, dans un siècle comme le nôtre, de trouver un cœur qui ne peut perdre le souvenir de ceux qu'il a connus et aimés. Oh! c'était là un bon fils, un excellent camarade et un véritable ami ; disons mieux, c'était un grand cœur.

Charles Badré est entré au Grand-Séminaire le 4 novembre 1825 ; il a été fait prêtre le 20 décembre 1828, par Msr de Cheverus, et nommé vicaire de Bègles le même mois.

Nous avons rendu une visite à son bon et vénérable curé, aujourd'hui chanoine. Ce respectable vieillard nous a fait entendre des paroles fort édifiantes sur son ancien vicaire, pour lequel il conserve encore une affection toute paternelle.

Voici à peu près ces paroles:

« L'abbé Badré, mon vicaire, avait une foi vive, une ardeur incomparable et un désintéressement absolu. L'année que ce digne prêtre a passé à Bègles a été le prélude de ce qu'il devait être toute sa vie. Nous l'avons suivi dans sa longue carrière, et nous avons toujours admiré son dévouement. »

Voici quelques-unes des résolutions que prit ce grand serviteur de Dieu après sa première retraite :

« Je dois pleurer le temps que jai perdu, et si j'ai eu le malheur de vivre sans travail [1] , j'ai été aussi malheureux de perdre le goût de la piété. Je l'avoue à ma honte ! Quelle différence je trouve dans moi : j'étais bien zélé, mais je me suis relâché et il me fallait cette retraite pour me tremper de nouveau dans l'amour de Dieu !

» Quelle pensée effrayante que celle de l'enfer ! les souffrances des damnés sont épouvantables ; oui, c'est une des méditations qui a, dans tous les temps, fait peupler les déserts : elle est terrible, elle est salutaire : séparation de Dieu, douleurs infinies dans du feu, dont le feu de la terre n'est que l'image. Est-ce pour quelques temps ? Non, autant que Dieu sera Dieu. Dieu est éternel ; donc ce sera des tourments qui n'auront jamais de fin. Mais avec qui vivront ces mauvais chrétiens ? Ce sera avec les démons, avec ce que la terre aura eu de plus infâme..... Il faut enfin aimer Dieu, car rien ici-bas ne peut me rendre heureux. Toute chose a une fin.

[1] Son humilité lui faisait toujours dire : « Je ne fais rien. »

» Je prends la ferme résolution d'être un meilleur prêtre. Je dois aussi veiller d'une manière particulière sur mon caractère vif, me rappeler l'égalité d'esprit de saint Vincent de Paul. J'ai été convaincu que je devais agir dans toutes mes actions d'après la foi, autrement je ne ferai rien de bon, et l'expérience m'a prouvé qu'il n'y avait rien de plus certain. Le prêtre tiède ne peut jamais espérer de pouvoir faire son salut ; aussi il doit bien veiller à ne pas faire négligemment les œuvres de Dieu, et se rappeler chaque jour que ce jour est peut-être son dernier. Avec cette pensée, il est bien sûr de faire ses actions dans la vue de plaire à Dieu. La tiédeur est cet état mille fois plus terrible que l'état de péché mortel ; il faut absolument que je sois un saint prêtre ; autrement, si je ne le suis pas, l'enfer devient mon partage ; car il n'y a pas de milieu : ou le prêtre doit *être saint* ou mauvais prêtre. Je ne dois pas m'aveugler : ou le ciel ou l'enfer ; voilà ce que je dois choisir. »

Nous savons tous quel a été le choix fait par l'abbé Badré.

II

En 1830, le vicaire de Bègles fut nommé curé du Fieux. Dans cette commune, qui n'avait pas eu de pasteur depuis la Révolution, l'église bâtie en torchis était plus pauvre et plus nue que la crèche de Bethléem. Le presbytère, si l'on peut donner ce nom à une grange, était dans un état déplorable.

Pendant l'hiver, le pauvre curé se chauffait avec les planches de sa masure. Le nouveau pasteur trouva un troupeau qui avait complètement oublié les principaux éléments de notre sainte religion.

Qu'on nous permette de citer quelques extraits de lettres adressées par le vénérable Mgr de Cheverus, qui dirons plus que nos paroles le bien opéré par le curé du Fieux :

Tâchez de disposer à la première communion les personnes mariées au civil, que vous avez déterminées à recevoir la bénédiction nuptiale. Si vous ne pouvez pas y réussir, vous devez, néanmoins, bénir ces mariages en faveur des parties qui seraient bien disposées.

† JEAN,
Arch. de Bordeaux.

Mon cher Curé,

Puisque vous désirez que je décide si vous devez rester au
Fieux ou aller à Saint-Estèphe, je crois que, d'après le témoignage d'attachement que viennent de vous donner vos
paroissiens, il convient que vous restiez au moins quelque
temps de plus parmi eux.

En vous félicitant, Monsieur le Curé, d'avoir su gagner
dans votre paroisse une confiance et un attachement qui
sont un dédommagement précieux des peines que vous avez
pu éprouver jusqu'à ce moment, je dois vous exprimer combien j'ai été satisfait des dispositions d'obéissance et de sou-
mission entière que votre dernière lettre m'a témoignée ; je
me plais à y trouver un gage de bénédiction sur votre ministère et un titre de plus aux sentiments d'attachement et
d'estime dont je vous renouvelle l'assurance.

† Jean,
Arch. de Bordeaux.

Monsieur le Curé,

J'apprends avec joie les heureux succès de votre ministère
auprès des deux paroisses dont vous avez le soin (le Fieux et
les Porchères). Ils sont le fruit bien mérité de vos efforts et
de votre zèle, et ils deviennent un nouveau titre à ma confiance et à mon attachement pour vous. — Je vous autorise
à admettre dans la confrérie de Notre-Dame du Mont-Carmel
les personnes que vous jugerez convenable d'y faire entrer.
Cette faculté durera tout le temps que vous serez curé du
Fieux.

† Jean,
Arch. de Bordeaux.

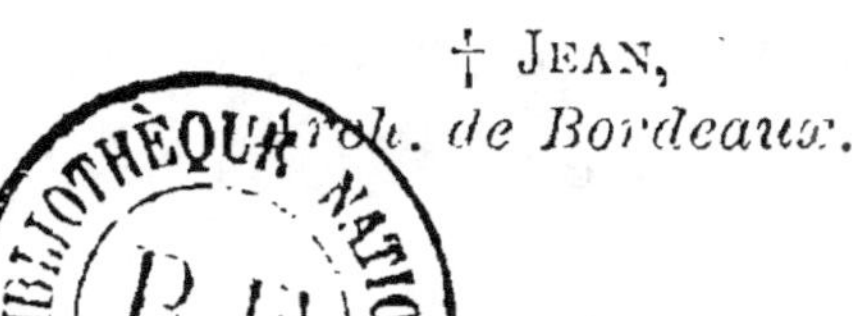

2

Nous avons su que quand l'abbé Badré arriva au Fieux, un certain nombre de ses paroissiens n'avaient pas même reçu le saint baptême ; que d'autres, de tous âges, n'avaient pas fait leur première communion, et que plusieurs n'étaient mariés que civilement. Ce zélé ministre du Seigneur parvint, en moins de trois ans, à opérer des merveilles, comme le prouvent les admirables lettres que nous venons de lire.

Nommé curé de Ludon, l'abbé Badré y exerça le saint ministère pendant dix-sept ans. Il reste encore assez de témoins dans cette contrée du Médoc pour proclamer les vertus, le zèle et l'excellent cœur de ce vaillant soldat du Christ. Parmi toutes ses belles actions, nous en citerons une qui fut vraiment héroïque, et que nous voudrions voir gravée *en lettres d'or* sur une plaque de marbre, afin d'en perpétuer le souvenir :

Un jour d'hiver, le bon curé de Ludon, allant voir un malade, rencontra sur sa route un pauvre homme qui tremblait de froid ; ses vêtements étaient en lambeaux, et on pouvait voir sa jambe nue. A cette vue, le père et l'ami des pauvres, le grand imitateur de saint François d'Assise et de saint Vincent de Paul, fut profondément saisi de compassion. Que va-t-il faire? En quelques secondes *il a ôté son pantalon pour le donner au pauvre de Jésus-Christ!*

Comment l'abbé Badré sut-il être l'ami de tous les hommes? C'est qu'il était très-miséricordieux et extrêmement charitable. S'il détestait souverainement le péché, il aimait les pécheurs, priait pour eux, et puisait, dans le Sacré Cœur de Jésus, des trésors de grâces pour les répandre dans le cœur de tous les hommes.

III

Pendant son séjour à Ludon, l'abbé Badré eut à souffrir des fièvres occasionnées par les nombreux marais de cette contrée. Son Éminence Mgr le Cardinal Donnet, qui, comme son vénéré Prédécesseur, aimait beaucoup le curé de Ludon, lui écrivit plusieurs charmantes lettres pour lui offrir d'autres paroisses plus importantes et plus rapprochées de Bordeaux. Mais un père se sépare difficilement de ses enfants! Chaque fois l'abbé Badré remercia Son Éminence et lui demanda la permission de rester avec ses chers paroissiens. Cependant, après 1848, ses infirmités devinrent telles, qu'il dut forcément prendre sa retraite. Rentré à Bordeaux auprès de sa vieille et vénérable mère, ce saint prêtre ne put rester long-temps en repos. Il fut attaché à la paroisse Saint-Éloi, en qualité de vicaire-sacriste. Le bon Dieu avait des desseins sur son fidèle serviteur. Malgré ses infirmités et le besoin réel de repos, après vingt ans d'un laborieux ministère, l'ex-curé de Ludon allait commencer un long et pénible apostolat; son zèle ne pouvait être limité : il fallait à ce prêtre un vaste champ de bataille, il le trouva à Bordeaux ; c'est là que, pendant vingt-six ans, il fit une guerre acharnée au péché, sauva un grand nombre d'âmes et fit des œuvres *que Dieu seul connaît* et récompense.

Le nombre d'unions illicites régularisées par ce saint prêtre ne peut se compter. Il en est de même de tous les pécheurs qui, au moment de la mort, refusaient de se réconcilier avec Dieu et qu'il a su gagner ; il en est encore de même de toutes les familles désunies, parmi lesquelles il a eu le don de rétablir la paix et l'harmonie.

Un jour, pour citer un exemple de conversion, l'abbé Badré fut appelé auprès d'un jeune artiste dramatique qui avait déjà refusé catégoriquement de recevoir un prêtre. Quand notre saint ami se présente devant le malade, celui-ci lui tourne vivement le dos, et l'invite plus ou moins poliment à se retirer. L'abbé Badré, avec un ton de bonne humeur, dit à l'artiste : « Vous êtes ma foi bien poli de me montrer votre dos quand je viens vous voir. Est-ce ainsi que vous regardiez le public sur la scène ? » A ces paroles, le malade se retourne et répond : « Vous avez l'air d'être un bon garçon.... » La conversation s'engage, et quand le prêtre est sur le point de se retirer, le jeune artiste le retient, veut se confesser, et deux jours après, ayant reçu les derniers sacrements, il meurt dans des sentiments d'une foi admirable.

C'est par centaines qu'on pourrait raconter de semblables conversions. Des protestants et des israélites de bonne foi furent instruits et baptisés par ce grand conquérant d'âmes ! Heureux ceux qui rencontrent sur leur route de tels hommes !

Que tous les prêtres de France soient animés du même zèle, et, nous ne craignons pas de le déclarer hautement, la révolution sera vaincue. Dix mille zouaves pontificaux valent mieux que cent mille soldats sans patriotisme. Avec une foi vive, un zèle ardent, des convictions inébranlables et un grand courage, que ne ferait-on pas ?

L'abbé Badré, on doit le dire, a fait toute sa vie ce que le glorieux Vicaire de Notre-Seigneur Jésus-Christ, l'*immortel* PIE IX, ne cesse d'indiquer pour vaincre le mal et faire triompher la sainte Église. Il a été un homme de prière et un homme d'action ; son courage a été celui des plus vaillants guerriers !

Que dire de la profonde humilité de cet homme de Dieu!... Il a eu le talent de cacher une foule de bonnes œuvres, qui feraient aujourd'hui notre admiration.

Si l'humilité fut pratiquée d'une façon héroïque par l'abbé Badré, il en fut de même de la *pauvreté*. Son détachement des biens de la terre fut absolu ; les plus grandes fortunes se seraient fondues entre ses mains comme des boules de neige ; elles seraient allées orner les sanctuaires du Seigneur et soulager toutes les misères. Il avait un cœur que l'amour divin et la foi avaient rendu vaste comme l'océan. Oh! si le bon Dieu lui avait demandé son sang, comme il l'aurait répandu jusqu'à la dernière goutte! Il a fallu toutes les larmes et les supplications de sa mère pour l'empêcher de partir pour les missions étrangères, alors qu'il avait trente ans!

L'abbé Badré a été héroïque dans toutes ses actions; cette âme et ce cœur étaient bien trempés. Aussi nous ne craignons pas de dire que l'humble curé du Fieux et de Ludon a été un véritable conquérant, qu'il a opéré des merveilles, et qu'il mérite, non-seulement l'admiration et les louanges des hommes qui l'ont connu, mais encore celles de la postérité.

IV

Que manque-t-il encore à l'abbé Badré pour compléter sa glo re? Humble et pauvre toute sa vie, *il aima les pauvres.* Oh! oui, il vous aima profondément vous qui souffrez, qui manquez de pain et de vêtements, et qui passez votre vie dans les plus dures privations. C'est pour partager avec vous que, pendant vingt-six ans, il n'acheta pas une soutane. Nous savons qu'il payait au boucher des comptes assez élevés pour envoyer fréquemment de la viande chez cet ouvrier malade, chez cette pauvre mère de famille épuisée par les fatigues et les chagrins, ou chez cette jeune fille poitrinaire.

Souvent des amis lui envoyaient quelques bouteilles de vin vieux. A peine entrées, elles ressortaient pour aller dans la mansarde du pauvre. Que n'aurait-il pas donné? Que de fois il a offert sa chambre, sa pauvre cellule, comme il l'appelait, à quelques amis dans le malheur, voulant se retirer dans un cabinet étroit.

Il a donné tout ce qu'il avait, et il a donné tout ce qu'il a pu obtenir de la générosité de ses nombreux amis. En somme, on peut dire qu'il a beaucoup donné. Oui, les pauvres ont été ses *bons amis;* ce qui le prouve, ce sont les admirables paroles contenues dans son testament :

« *Je suis fâché de n'avoir rien à laisser aux pauvres.* » Que pouvait-il leur laisser, puisqu'il leur avait tout donné au jour le jour ?

S'il vous a aimés, oh! vous qui souffrez, aimez-le aussi ; parlez de lui à vos enfants, ne l'oubliez *jamais ;* qu'il soit toujours votre père et votre ami. S'il vous a fait du bien sur la terre, sachez qu'il peut vous en faire plus encore maintenant qu'il est dans le ciel.

Dans l'abbé Badré, nous remarquons l'amour de la pauvreté de saint François d'Assise, la charité et le zèle de saint Vincent de Paul, l'ardeur de saint Ignace de Loyola et la suave piété de saint François de Sales. Mais, tout en ayant imité ces grands saints, on peut dire que l'abbé Badré a eu une sainteté toute particulière, une sainteté cachée sous une écorce rude en apparence, et surtout très-originale.

V

Depuis deux ans, notre bon curé, comme nous l'appelions toujours, souffrait continuellement : les palpitations de cœur devenaient plus fréquentes ; ses autres infirmités l'obligeaient au repos absolu ; mais il ne fallait pas lui en parler. Il disait toujours : « Mon ministère avant tout. » Sa

vie, on peut le proclamer bien haut sans crainte
d'être démenti, a été une véritable *immolation*.
Il oubliait ses souffrances pour soulager celles de
ses frères. C'était une sentinelle toujours éveillée
qui ne connaissait que son *devoir*.

Est-ce tout? Oh! non, ce n'est pas même le
commencement; il faudrait un volume pour tout
dire. Nous voulons vous montrer l'abbé Badré à
l'autel. Que de personnes nous ont dit avoir
pleuré en voyant ce saint prêtre célébrer la
sainte messe. Comme son visage devenait animé
au moment de l'*Élévation!* Comme il semblait
écrasé sous le poids de son indignité et de sa mi-
sère au *Domine non sum dignus.....* Le cœur
de ce prêtre contenait un océan d'amour divin, un
océan de charité et un océan d'humilité. C'est
ainsi qu'on peut résumer sa vie.

VI

Nous arrivons aux derniers jours de cette existence si bien remplie, mais trop tôt finie pour la
sainte Église, pour ce diocèse, pour ses amis et
pour *les pauvres*.

La veille des Rameaux de l'année dernière, l'abbé Badré passa toute la journée au confessionnal. Vers six heures du soir, il éprouva de fortes palpitations de cœur ; mais il ne fit nulle attention à la mort qui venait le saisir au tribunal de la pénitence. Il continua de répandre le pardon jusqu'à neuf heures. Rentré dans sa chambre, il eut une crise qui faillit l'emporter. Sa première demande au médecin fut celle-ci : « Docteur, dites-moi franchement s'il y a quelque danger pour cette nuit ? » Le médecin lui ayant dit que non, mais qu'il devait garder un repos absolu, il murmura : « Eh ! mon ministère. » L'agonie, on peut le dire, dura huit mois, huit mois de souffrances inouïes. Pendant ce temps, l'abbé Badré ne resta pas en repos. Malgré sa faiblesse et ses souffrances, il célébrait chaque jour le saint sacrifice de la messe dans la chapelle privée de son neveu, confessait plusieurs personnes et s'occupait d'œuvres commencées.

Il répétait souvent : « C'est triste de ne rien faire ; si je pouvais aller à l'église... enfin, la sainte volonté de Dieu et non la mienne. »

Jusqu'à la fin de sa vie, il adressa au bon Dieu

de touchants actes d'amour, de résignation et de confiance ! Quelle foi simple et naïve ! Parfois il jetait un regard sur le portrait du saint Captif du Vatican et lui faisait part de ses souffrances ! Son amour pour le Pape était au-dessus de tout ce qu'on peut dire.

Le 4 novembre, jour de sa fête, notre excellent ami, après avoir célébré la sainte messe, adressa quelques paroles d'adieux et de remerciements à sa famille et aux personnes présentes, disant que c'était la dernière fois qu'on lui souhaitait sa fête sur cette terre.

Le 16 décembre, ce digne serviteur de Jésus-Christ reçut, en pleine connaissance, les derniers sacrements. Quelle touchante cérémonie et quel beau spectacle que celui de la mort d'un saint ! Le cher malade fit une profession de foi admirable, qui arrachait des larmes aux personnes présentes ; puis il demanda pardon à sa famille et au clergé de la paroisse ; enfin il fit à Dieu l'offrande de sa vie.

Quand le prêtre, tenant dans sa main Jésus-Hostie, s'approcha du lit du malade, celui-ci, réunissant toutes ses forces et tendant les bras vers son bien-aimé, s'écria avec un accent d'amour inexprimable : « Mon Jésus! » Oh ! le sublime mouvement, nous ne l'oublierons jamais.

Quelques heures après cette cérémonie, le Souverain Pontife envoyait la bénédiction apostolique au cher malade, qui la reçut avec une joie vive.

Voici la demande :

Un enfant de saint François supplie humblement le saint Père d'accorder sa sainte bénédiction et l'indulgence *in articulo mortis* à son oncle, vieux prêtre mourant.

BRION,
Gérant de l'Œuvre Franciscaine.

Voici la réponse :

Le saint Père envoie à votre oncle malade la bénédiction apostolique.

J. CARD. ANTONELLI.

Deux jours après commençait une douloureuse agonie, qui dura jusqu'au 30 décembre, à deux heures du matin. Cette belle âme, ce zélé et très-dévôt fils de *Marie Immaculée* qu'il invoqua jusqu'à son dernier moment, purifié par la souffrance, alla enfin, nous aimons à l'espérer, recevoir immédiatement sa récompense. Néanmoins, ne cessons de prier pour le repos de cette chère âme.

Le corps de l'abbé Badré, exposé dès le matin dans la chapelle, a reçu constamment de pieuses visites jusqu'à l'heure des obsèques.

Les pauvres sont venus les premiers et en grand nombre; des femmes, des petits enfants et des ouvriers, désireux de revoir, une fois encore, le visage calme et doux de leur bienfaiteur et ami.

A trois heures, tout le clergé de la paroisse est venu en procession réciter l'office. Les bonnes sœurs de la Miséricorde, que l'abbé Badré aimait particulièrement, sont restées jour et nuit auprès de ses restes.

Le vendredi matin, à sept heures et demie, un Père Franciscain a célébré le saint sacrifice près du corps, et quelques amis ont communié à ses côtés.

De la maison mortuaire à l'Église, les pauvres formait la haie le long du parcours pour voir passer et saluer une dernière fois leur père et leur ami. Plus de cinq cents personnes accompagnaient le convoi.

En relisant tout ce qui précède, nous nous apercevons que nous n'avons rien dit: c'est trop de paroles et pas assez ; trop, parce qu'il suffisait de dire : un *saint prêtre vient de mourir !* Pas assez, parcequ'il faudrait un gros volume et une plume habile pour faire le portrait exact de ce digne prêtre. Les pauvres pour lesquels nous avons écrit ces pages nous tiendrons compte de notre bonne volonté.

Ce qui dira plus que nos lignes qui précèdent, c'est le testament de l'abbé Badré et l'inventaire de ce qu'il a laissé.

TESTAMENT

Je donne et lègue tout ce que je possèderai à mon décès à ma nièce, à condition qu'elle fasse dire une messe tous les ans, à l'anniversaire de ma mort, pour mon âme et pour tous mes pauvres parents défunts.

Toute ma vie j'ai été pauvre, ayant tout donné. Je veux mourir pauvre, et par conséquent je veux, et c'est une volonté ferme de ma part, avoir un enterrement de septième classe. [1] JE SUIS FACHÉ DE N'AVOIR RIEN A LAISSER AUX PAUVRES.

Je prie Monsieur le Curé de vouloir bien demander pardon pour moi des scandales que j'ai pu causer. Je désire qu'on me pardonne. Huit jours après ma mort, ma nièce enverra 3 fr. à chaque curé des paroisses de Bègles, du Fieux et de Ludon, dans lesquelles j'ai exercé le saint ministère. Je meurs dans le sein de la sainte Église catholique.

Je remercie le bon et excellent curé de Saint-Éloi, ainsi que tout son clergé, des bontés et de l'affection qu'ils n'ont cessé de me prodiguer.

BADRÉ,
Vicaire-Sacriste de Saint-Éloi.

[1] Le vénérable curé de Saint-Éloi a voulu faire, *gratuitement,* un enterrement de troisième classe pour le Doyen des serviteurs de sa paroisse.

INVENTAIRE

MOBILIER

Un lit en noyer, une vieille commode, une pauvre bibliothèque, un vieux fauteuil, quelques chaises et un crucifix.

ARGENT

Deux trimestres de sa petite pension de curé, juste assez pour payer son médecin et se faire enterrer.

VESTIAIRE

Les quelques soutanes plus ou moins neuves que ses amis lui ont données, six chemises, quelques mouchoirs et trois ou quatre gilets de flanelle.

Voilà l'héritage que laisse à sa famille, après quarante-huit ans de ministère, le vénérable et bon curé du Fieux et de Ludon, héritage plus précieux que la plus grande fortune, parce que tous ces objets deviennent des reliques d'un grand prix.

CONCLUSION

Il ne suffit point de voir passer et d'admirer un homme dont toute l'existence n'a été qu'une longue chaîne de bonnes actions ; il faut encore le *suivre et l'imiter*.

Telle est, cher lecteur, la conclusion que nous devons tirer de cette belle vie que nous venons de parcourir à vol d'oiseaux.

L'abbé Badré a été un *homme de foi !* La foi catholique, disons-le, peut seule enfanter *des saints !* ces héros du Christ qui sont nos modèles, nos protecteurs et nos amis. Examinons, cher lecteur, si nous avons la foi vive de notre ami ; si nous n'avons pas affaibli en nous l'éclat de ce flambeau divin, sans lequel notre âme ne peut faire un pas vers le *vrai*, le *beau* et le *bien !*

N'est-ce pas le manque de foi qui a produit cette *couche sociale* qui menace de détruire complètement la civilisation apportée au monde par Notre-Seigneur Jésus-Christ et son Église ?

N'est-ce pas l'affaiblissement de la foi qui a

produit ce monstre qu'on appelle le *libéralisme,* et que l'immortel Pie ix nous signale comme une peste infernale cent fois plus dangereuse que le radicalisme?

Si nous sommes menacés de voir d'autres fléaux fondre sur notre pauvre France, n'est-ce pas de notre faute? Oh! n'accusons personne; mais que chacun se frappe la poitrime et se dise : « *Je suis un poltron.* »

Si nous voulions nous retremper dans la foi catholique, apostolique et romaine, si *nous voulions entendre la voix* du *saint Captif du Vatican,* c'est-à-dire de *Jésus-Christ même dans la personne de son glorieux Vicaire,* nous arrêterions immédiatement ce flot révolutionnaire qui monte toujours et qui inspire des craintes sérieuses aux véritables conservateurs.

Les temps sont difficiles, ne nous le dissimulons point ; aussi chacun de nous doit-il être un véritable soldat.

Sans la foi, il est impossible à l'homme, quel qu'il soit, d'avoir du zèle et du dévouement. Les hommes ne manquent point aujourd'hui ; ce qu'il manque, ce sont les vraies convictions, c'est la foi catholique, et voilà pourquoi la décadence est rapide, et voilà pourquoi quelques *gredins* auront la force de bouleverser la société, si notre indifférence continue.

Tout catholique qui tient aujourd'hui à conserver sa foi, c'est-à-dire ce qu'il y a de plus précieux, de plus grand et de plus sacré, doit défendre courageusement, et par tous les moyens possibles, surtout par la prière, le *bon exemple* et la parole, la *sainte Église* et le PAPE !

Que serait devenu notre ami l'abbé Badré sans sa *foi robuste?* Il est probable, pour ne pas dire certain, qu'aujourd'hui il ne serait pas le sujet de nos larmes et de notre admiration. C'est à sa foi qu'il a dû d'être prêtre et d'être un *très-bon prêtre;* c'est aussi à sa foi qu'il a dû son ardente charité, son humilité et son amour de la *pauvreté* et des pauvres.

Admirons donc ce que peut une foi vive, et prions Dieu de nous donner ce trésor incomparable, ce trésor qui surpasse tout ce que l'homme peut rêver ici-bas, ce trésor qui vaut mille fois plus que la science, que la fortune et que la gloire humaine. Sans la foi, la vie de l'homme sur la terre n'a plus de *but*, et le roi de la création, abandonné à sa seule raison, se guide moins bien qu'un animal et tombe dans toute les extravagances, tous les excès et toutes les folies imaginables.

Un homme sans la foi est dans un enfer perpétuel ! Enfer où avec bien des efforts il peut encore s'étourdir un moment parce qu'on appelle les plaisirs, la fortune et les grandeurs, mais enfer qui est le vestibule de celui qui l'attend aux portes de l'éternité.

C'est à vous, les bons amis de l'abbé Badré, à vous les *pauvres* que nous adressons ces dernieres paroles : Oh oui ! ce n'est que par la pratique d'une vie vraiment chrétienne que vous pouvez supporter vos continuelles privations et en retirer des mérites pour le ciel.

Par la foi, vous apprendrez que la souffrance est une *monnaie d'or* avec laquelle nous achetons la félicité éternelle ; or, pourquoi tant rechercher les tristes joies de ce séjour d'exil, de cette vallée de larmes, de cette triste prison, quand il nous est si facile de nous procurer le bonheur du Paradis! C'est au ciel et au ciel seulement que vous reverrez votre enfant, pauvre femme qui pleurez devant un berceau vide ; c'est au ciel que vous reverrez votre époux, jeune veuve qui arrosez de larmes l'herbe qui recouvre son tombeau ! Vous tous qui êtes dans la tristesse, dans l'abandon et dans la douleur, tous vos maux finirons quand vous serez au Ciel ; allons donc au Ciel par l'unique chemin qui peut nous y conduire !

En terminant ces lignes, nous devons vous faire part, cher lecteur, de la demande et de la promesse que nous fit notre ami, après avoir reçu pour la dernière fois Jésus-Hostie : « Quand je ne serai plus, priez pour moi ; et si le bon Dieu daigne me recevoir dans son saint paradis, je vous promets de prier pour vous. »

L'abbé Badré sera fidèle à sa promesse ; soyons tous fidèles à la nôtre.

AVIS

Nous prions instamment les amis de l'abbé Badré de propager cette notice. Que ceux qui ont de la fortune nous aident à la répandre gratuitement parmi les pauvres. Nous ne fixons pas de prix, *c'est une bonne œuvre ;* à chacun de donner ce qu'il pourra.

EN VENTE CHEZ M. BRION
Rue Saint-François, 41.